CW00701993

Les lumières de ma vie

FSC
www.fsc.org

MIXTE

Papier issu
de sources
responsables
Paper from
responsible sources

FSC® C105338

Les lumières de ma vie

Fabienne COUTURIER-BLIN

Visuel de couverture

Isabelle Beaujean

Mise en page

Laurence Dubranle

Photographies tous droits réservés

Crédits photos :
Fabienne Couturier-Blin / Pixabay

28 novembre .... 29 novembre 2018

A mon père

PRÉAMBULE

« En ce jour de souvenir pour toi papa, 18 ans sont passés depuis ce jour de l'année 2000 où je t'ai retrouvé chez toi, allongé sur le sol et sans vie ... ton décès déclaré par le médecin légiste le 28 novembre au soir ; le mercredi 29 au matin je te découvrais ...

Une image qui reste gravée dans ma mémoire, j'avais 33 ans et la vision que j'ai eue deux nuits auparavant m'a fait prendre conscience ce jour-là que tout ce qui se passe dans notre esprit a un sens... un rêve, une prémonition, en tout cas cette nuit-là, j'ai vu ton avis d'obsèques dans le journal avec des détails précis qui allaient ensuite me servir à rédiger avec le responsable des pompes funèbres cet avis qui allait paraître réellement dans les jours qui ont suivi ton décès. »

Pourquoi commencer à écrire maintenant ? Sûrement parce qu'une part de ma vie change aujourd'hui et a commencé à changer depuis plusieurs années déjà.

D'aussi loin que puissent remonter mes souvenirs, dans mon enfance j'étais déjà très interrogative sur la vie après la mort, sur cet au-delà et tout ce qui gravite au-dessus de nos têtes dans l'Univers, cet espace si vaste et si merveilleux où nous évoluons pour un temps, celui de notre passage sur la Terre …

C'est ce que je vais vous raconter à travers ces pages, ma vie et ses lumières, parfois lumineuses parfois sombres, sur ce chemin de 51 ans, j'ai aujourd'hui cette certitude que la vie après la mort est une étape suivante à la vie terrestre et que je retrouverai mon père, dans une autre lumière.

PRÉSENTATION

Je m'appelle Fabienne, j'ai 51 ans, je suis divorcée et j'ai deux grands enfants : un garçon de 27 ans Kévin et une fille de 22 ans Charlène...

Fille unique, mon papa Daniel est décédé le 28 novembre 2000, ma maman Françoise est âgée de 73 ans.

Mon expérience professionnelle de vingt-cinq ans dans la fonction d'aide médico psychologique m'a permis de vivre beaucoup de situations   de soutien, d'accompagnement et de soins auprès de personnes en situation de handicap … Plus qu'un métier j'en ai fait une vocation, une mission dans ma vie.

Mon expérience personnelle a été jalonnée et l'est encore, par des capacités que j'ai développées dans ma vie d'adulte et par des croyances et un intérêt certain pour le domaine du paranormal …

Dès mon enfance j'ai voulu savoir ce qui se passait de l'autre côté, ce que les personnes qui sont décédées pouvaient nous apprendre de cet au-delà ; celui où j'irais moi aussi un jour …

Ce jour-là

Ce jour du 29 novembre 2018, un mercredi je m'en souviens encore, les enfants montent dans la voiture vers 11h et jour de repos pour nous, nous décidons d'aller rendre visite à papy …

Deux nuits auparavant j'ai fait un étrange rêve. Je lisais le journal et j'y voyais un avis d'obsèques familier puisque le nom qui apparaissait était celui de mon père ... pas de date mais un texte et les noms de la famille. En me réveillant je ne m'en inquiétais pas plus que ça.

Mais ce jour-là en partant chez mon père qui vivait seul depuis quelques mois (mes parents ayant décidé de se séparer), je ressentais un mal être si bien qu'en arrivant devant chez lui je me garai et demandai aux enfants de rester dans la voiture, leur disant « je vais voir si papy est là ... »

En ouvrant la porte, je ressentis un profond malaise. Il y avait un patin au milieu de l'entrée, la télé était allumée, l'atmosphère était pesante et lourde. J'entrai dans la pièce de vie et j'aperçu alors les pieds de mon père derrière le fauteuil. Il était étendu par terre, une couverture sur lui. Ma réaction fut rapide : je me penchai vers lui pour lui parler et voir s'il avait fait un malaise.

Pas de réaction…. mon père étant diabétique insulino-dépendant, je l'avais déjà retrouvé deux fois dans un semi coma et j'avais fait appel aux secours qui étaient arrivés à temps les deux fois... Mais cette fois-ci mon inquiétude était plus grave car je ne sentais aucun signe de vie et son corps était froid …

J'appelai les secours très vite expliquant de ma voix tremblante et remplie de larmes que je pensais qu'il était mort … La personne au téléphone m'assurait alors de l'arrivée rapide d'une équipe. Je lui précisai que je n'étais pas seule puisque mes deux enfants étaient dans la voiture ; elle me demanda alors d'aller les voir sans les inquiéter et d'attendre l'arrivée de l'équipe médicale pour leur prise en charge ...

« Les enfants…. mon Dieu les enfants, qu'allais-je bien pouvoir leur dire » …. Ils étaient jeunes puisque respectivement âgés de 9 et 4 ans et demi… et tout çà était si brutal … Je me ressaisis rapidement et allais les voir, très sages ils m'attendaient ; tout a été très vite, je ne peux même plus dire aujourd'hui combien de minutes se sont écoulées mais c'était comme si le temps s'était arrêté. J'expliquai aux enfants que papy avait fait un malaise et que les pompiers allaient arriver, qu'ils ne s'inquiètent pas et que rester assis dans la voiture était mieux, ce qu'ils firent avec un grand silence.

Les secours arrivèrent très vite, j'entendais les sirènes … pompiers, SAMU, police se garaient devant la maison une personne prenait en charge les enfants, je demandai à un policier de prévenir mon mari qui était au travail ; la voiture de police partit le chercher à son usine non loin de là ; il put ensuite récupérer les enfants et les emmener.

Pour ma part je restais sur les lieux pour les constatations d'usage qui avaient bien défini que mon père était décédé suite à un malaise ; l'arrivée du médecin légiste donnait les précisions de la mort survenue la veille 28 novembre vers 23h.

Je prévins rapidement ma mère qui se trouvait à ce moment-là à Limoges où elle venait d'être opérée d'une épaule. Le choc fut violent malgré toute la douceur que je mis dans mes mots.

Ce fut aussi très violent pour moi. Mais je devais me rendre à l'évidence, je ne pouvais plus l'ignorer, le souvenir de ce rêve prémonitoire venait de mettre à jour les capacités que je ressentais depuis si longtemps et que j'avais enfouies au plus profond de moi. La peur de découvrir ce qu'il pouvait se passer au delà de tout ça m'y avait inconsciemment obligée. Je m'occupais de l'organisation des obsèques et des avis à déposer ; l'avis d'obsèques du journal ne faisant alors l'objet d'aucune hésitation de ma part puisque je l'avais vu clairement dans le journal … mes mots sont donc venus de manière rapide et précise.

A compter de ce jour ma vie allait prendre un tournant que je ne pouvais plus ignorer …

Un chemin, mon chemin, celui pour lequel j'ai choisi de venir sur Terre et d'y réaliser ma mission de vie. Dix-huit ans après je sais que les expériences que j'ai vécues ont été nécessaires à mon évolution.

« *L'expérience ce n'est pas ce qui arrive à une personne c'est ce qu'une personne fait avec ce qui lui arrive* »

Aldous Huxley

Les découvertes de mon enfance
et de ma vie d'adulte

Lorsque j'étais enfant, je garde le souvenir de moments passés avec une grande-tante du côté de mon grand-père paternel ; elle s'appelait Marguerite, comme ma grand-mère … même prénom et même nom de famille. Elle habitait en Bretagne dans les Côtes d'Armor, un très bel endroit près de l'océan et elle était passionnée par tous les mystères qui entourent la vie et la mort, cette vie après …

Nous passions des heures à parler de ce sujet, elle avait perdu son mari Julien, l'oncle de mon grand-père et elle m'avait avoué dans sa chambre d'hôpital avoir vu son âme se détacher de son corps quelques instants avant sa fin. Elle était assise à côté de lui et elle a vu un voile de la forme du corps de son mari se détacher et monter vers le plafond avant de disparaître....

J'étais très attentive à ces paroles et je savais qu'elle disait la vérité, ses yeux étaient brillants d'émotion même après toutes ces années, elle ne pouvait oublier ce moment. Elle comprit depuis ce jour-là que le corps s'arrête mais l'âme poursuit son chemin vers une autre lumière et très souvent elle cherchait des signes dans le ciel …

Elle me disait :
« Tu verras un jour toi aussi ma petite fille, tout ce qui se passe là-haut »

J'étais attirée par le ciel, les étoiles, les planètes. Ce ciel qui renferme tellement de mystères et de beauté avec le soleil et les nuages le jour, les arcs-en-ciel et les orages, la lune et ses différents quartiers la nuit, sans oublier la voie lactée et ses constellations. Toute cette beauté me fascinait.

Nous parlions beaucoup avec ma tante quant à l'existence d'autres civilisations extra-terrestre, elle avait d'ailleurs beaucoup d'ouvrages sur ce sujet et je les feuilletais souvent.

Quand on est enfant puis adolescent, ces sujets ne sont pas la priorité de la vie, je grandissais donc comme les autres enfants dans l'insouciance de tout çà mais en gardant un œil attentif à ce qui se passait autour de moi ; je n'en parlais pas car à cette époque ça aurait fait rire certainement mais dès que je passais des vacances en Bretagne, les longues discussions se poursuivaient jusques tard dans la nuit … on était bien et j'aimais beaucoup ces moments de partage.

Et puis ma vie d'adulte a prit le dessus. Le travail, la vie sentimentale puis le mariage et la naissance de mes enfants bref, tout ce qui découle de la vie habituelle m'ont tellement accaparé que j'en oubliai d'admirer le ciel calmement sans penser à autre chose ; j'avais comme beaucoup de personnes un quotidien rythmé qui ne me permettait pas de prendre le temps de regarder la vie autrement que dans le flux des jours et des années qui passent …

Mon grand-père est décédé en 1991 puis ma grande-tante Marguerite quelques années plus tard en 1996 (ces deux années de deuil correspondant aux années de naissance de mes deux enfants) … je ne me suis pas interrogée à ce moment-là de savoir ce qu'ils étaient devenus après leur mort ; trop prise par la vie, ma vie, notre vie où l'on court sans cesse. Je vivais mes deuils, les premiers de ma vie et après la tristesse, les souvenirs, la vie continuait, les enfants grandissaient ….

Et je laissais partir ce qui m'avait tant passionné dans mon enfance et les messages que j'avais reçus des personnes qui nous avaient quittés.

*« Nous avons en nous des îles au trésor dont
nous ignorons souvent la carte »*

Sandra Dulier

Le retour vers mes croyances

A la mort de mon père, ce jour de novembre 2000, j'ai réalisé que la vie nous envoyait constamment des messages et ce rêve qui est venu me prévenir de ce qui allait se passer je l'ai longtemps repassé en boucle dans mon esprit et j'ai alors culpabilisé de ne pas être passée voir mon père la veille, en me disant que rien ne serait advenu si je l'avais fait …

Cette culpabilité passée, je me suis centrée ensuite sur l'élément de cette vision dans mon sommeil et j'ai alors commencé à comprendre que les capacités que je ressentais quand j'étais enfant étaient toujours présentes et que j'avais la possibilité de mieux décrypter les messages maintenant que j'étais adulte ; pas facile à intégrer dans une vie surtout sans en parler …Je me suis laissée le temps ; j'ai vécu mon deuil, celui d'un être cher qui meure brutalement ; ce fut long et douloureux mais les étapes ont succédé les unes aux autres … J'ai pensé que mon père était certainement là-haut, quelque part dans une autre vie, de l'autre côté et qu'il allait bien …. Et ce sentiment a apaisé ma vie qui se poursuivait.

Nous avions décidé d'inhumer mon père dans un cimetière-parc, un lieu entouré de nature où les oiseaux chantent et les fleurs s'ouvrent ; où les arbres bougent au vent et où je trouvais une sérénité lors de mes visites sur sa tombe.

Mon père aimait la nature, il était chasseur et pêcheur mais aimait avant tout se promener et s'aérer les week-end et pendant ses repos en compagnie de son chien.

Quand j'allais sur sa tombe, intérieurement je sentais que ce n'était pas là qu'il se trouvait, il était tout autour, dans l'air, dans le vent, dans les rayons du soleil …. Son âme était près de nous et son corps dans sa tombe, c'était une évidence pour moi. Une évidence que je gardais au fond de moi, un ressenti que je ne partageais pas par crainte de devoir donner des explications que peut-être personne ne comprendrait… Un silence que je commençais à apprivoiser comme un ami qui me guiderait vers ce chemin que j'avais commencé … une épreuve de ma vie qui allait m'aider à grandir.

« Dans le silence seul, la vérité de chacun se noue et prend ses racines »

Antoine de Saint Exupéry

Le sommeil préparateur de l'éveil

Durant de nombreuses années, j'ai laissé en sommeil des questions et interrogations car je sentais que je n'étais pas prête à vivre certains événements...

Ma vie personnelle a évolué, nous avons divorcé d'un commun accord avec mon mari et avons surtout souhaité que nos enfants souffrent le moins possible de cette épreuve ; en 2009, nous avons vendu notre maison achetée l'année qui a suivi le décès de mon père...

Les enfants étaient adolescents et nous avons choisi de vivre dans la même commune afin qu'ils puissent aller et venir chez leur père et chez moi et qu'ils puissent se voir à leur guise.

Au milieu de cette épreuve et des changements que je m'imposais, mes capacités ont commencé à se réveiller…

J'allais commencer à vivre des événements troublants dans la maison à étage que j'avais trouvé à louer sur ma commune, non loin du centre et seule maison disponible à ce moment-là, je n'avais guère d'autre option que de la prendre … Je savais au fond de moi que je n'y resterais pas longtemps ; ce lieu était provisoire et il portait le numéro 1, chiffre de recommencement dans ma vie… chiffre qui allait me suivre longtemps.

Je traversais une période difficile et je sentais dans cette maison une présence ; non pas qu'elle ait voulu me faire du mal mais plutôt qu'elle me délivrait des messages pour que j'observe ma vie et que je sois réceptive et dans de meilleures énergies. A cette époque en effet, mes énergies étaient basses et j'étais en période de déprime… Je fréquentais des personnes avec qui je n'étais pas en phase et j'en souffrais ; mes piliers se fragilisaient.

Plusieurs fois la nuit j'entendais des bruits sur le palier à l'étage en face de ma chambre et de celle de ma fille ; de son côté elle me disait ne rien entendre … Vu mon état fébrile je me disais que ça venait sûrement de moi ; pourtant je ressentais quelque chose d'inhabituel. Ces bruits étaient sourds et ils duraient plusieurs minutes ; une nuit j'ai ouvert les yeux et j'ai vu une ombre noire sur ma porte de chambre, j'ai eu peur et elle a disparu …

Au mois de février alors qu'une nuit je descendais l'escalier pour aller aux toilettes, je fis une terrible chute et encore aujourd'hui je sais que je ne suis pas tombée seule, que ma chute était un message pour que je prenne conscience de mes ressentis et que je quitte ce lieu qui n'était pas fait pour ma fille et moi … mon fils ne dormait pas à la maison mais chez son père.

J'ai donc descendu plus de 15 marches de l'escalier en bois sur les fesses, me suis cognée le long du mur et coincé la main gauche dans les interstices de la rampe de l'escalier. Je suis arrivée en bas sonnée mais me suis levée et suis allée aux toilettes comme prévu ; c'est à ce moment-là que je me suis rendu compte des blessures…

Ma fille alertée par le bruit fracassant de ma chute, est aussitôt descendue pour voir ce qui se passait et m'a trouvée assise sur les toilettes, blanche et la tête qui tournait ; j'ai pris sur moi pour lui dire que ça allait et qu'elle retourne se coucher.

En fait çà n'allait pas du tout … j'avais très mal au dos, la cheville droite enflée et le dessus de la main gauche ouvert avec un hématome ; j'ai pris ma trousse à pharmacie et j'ai nettoyé comme je pouvais, je ne sais pas encore aujourd'hui comment j'ai fait pour ne pas m'évanouir, une force de survie sûrement car ma fille était là.

J'ai beaucoup pleuré et en écrivant les mots aujourd'hui, les larmes reviennent. Un cauchemar cette chute … je suis retournée dans mon lit et je tremblais de tout mon corps, c'était la première fois que mon corps me secouait autant.

Le lendemain je me suis levée sans avoir fermé l'œil et j'ai conduit ma fille à un stage sur mon lieu de travail (stage de découverte des métiers de la 3ème). J'ai fait la route aller-et-retour et j'ai appelé le médecin sur les conseils d'une amie qui m'avait vue arriver en boitant, un bandage sur la main et le visage très marqué.

Ma visite allait révéler plusieurs contusions et suspicion de fracture, le médecin se demandant comment j'avais pu faire une telle chute ; moi-même je ne me l'expliquais pas…. Un arrêt de travail m'était délivré afin de soigner une entorse à la cheville, une grosse contusion dos et fessiers et un hématome avec plaie ouverte sur la main et des radios à faire pour écarter la possibilité d'une fracture…

Mon corps était terriblement endolori, je souffrais beaucoup et me déplaçais peu (car béquilles) ; je pris rendez-vous pour la radio et là, nouvelle chute…

C'est un matin que ma mère et mon beau-père sont venus me chercher pour me

conduire au centre de radiologie. Alors que je m'apprêtais à sortir pour descendre les trois marches extérieures, ma mère passait devant moi et fit une terrible chute sur la chaussée ; elle tomba lourdement sur le côté et sa tête manqua de heurter le trottoir. J'étais abasourdie par ce qui venait de se passer et inquiète pour ma mère qui se relevait péniblement se tenant la hanche...
Là encore comment cette chute avait-elle pu se produire ??? Et surtout ce fracas à nouveau quand elle est tombée...
Je revivais ma chute une deuxième fois ...

Je me souviens parfaitement avoir lancé mes béquilles dans la rue et crier « Mais non pourquoi... j'en ai marre je vais quitter cette maison, ce n'est pas possible !!!!!!! » et m'effondrée en larmes...

Ma mère a pu se relever et monter en voiture, elle avait mal. Elle a consulté son médecin peu de temps après la chute et a gardé très longtemps un hématome à la hanche et des douleurs ; heureusement pour elle la guérison, certes tardive, lui ferait vite oublier tout ça.

Pour moi pas de fracture mais plusieurs hématomes et contusions qui mettaient du temps à guérir ; des mois avant de voir disparaître complètement l'hématome fessier. Aujourd'hui je garde une cicatrice sur le dessus de la main gauche et ma cheville reste fragile.

À compter de ce jour je m'étais promis de quitter cette maison et je commençais à chercher un nouveau lieu d'habitation. C'est en sortant prendre l'air avec mes béquilles que je passais devant la maison qui allait devenir mon lieu d'habitation suivant et toujours actuel, depuis presque 9 ans une maison neuve, avec un petit jardin clôturé ; une maison que j'ai vu se monter puisque quand je l'ai découverte, elle était en construction dans une zone locative de logements sociaux et j'ai eu l'opportunité de faire la demande et de choisir la maison qui allait porter le numéro 1 … Trois chambres qui m'offraient la possibilité de prévoir aussi une chambre pour mon fils.

À partir du moment où j'ai trouvé ce lieu et commencé à faire mes cartons, les bruits

et présences ont cessé dans l'autre maison
…

Le jour où j'ai définitivement fermé la porte, je me suis assise sur la dernière marche de l'escalier, celle où ma chute s'était arrêtée et j'ai dit : « je pars et je ne reviendrais pas, vous m'avez fait comprendre que je ne devais pas rester ici. Au revoir et merci ». Et je n'y ai jamais remis les pieds.

Une sacrée leçon dans ma vie, un début de ce qui allait devenir une autre lumière.

« Le véritable échec n'est pas la chute mais de se relever sans en tirer un enseignement »

Citation d'un internaute

La rencontre qui a tout ouvert

Après avoir visité une première fois la maison en construction, je commençais à revivre et à trouver des repères plus sains dans ma vie. La maison plaisait beaucoup à ma fille et çà avait une grande importance aussi pour moi ; les attributions faites, je pouvais déjà envisager un nouveau départ avec plus de sérénité, dans un espace neuf et agréable, quartier calme près des commerces.

C'est au mois de Mai 2010 que nous rentrons dans la maison, d'abord ma fille et moi puis quelques mois plus tard mon fils nous rejoint car son père déménage et part sur La Châtre et lui préfère rester ici avec les repères du foot et des copains.

Notre nouveau lieu d'habitation est le Clos

Pasteur faisant partie de la Rue Pasteur ; connaissant la spécialisation de Pasteur, habiter une rue avec des origines médicales était un bien joli signe.

C'est vers le mois d'octobre que je vais faire une rencontre qui va s'avérer déterminante pour la suite de ma vie.

Un jour, j'accompagne à sa demande une de mes voisines qui souhaite aller consulter une guérisseuse qui habite, elle aussi, dans la rue Pasteur à quelques pas de notre lotissement. Durant la séance je suis très attentive à ce que dit et fait cette dame qui est quelque peu plus jeune que moi ; j'observe ses gestes et ses méthodes me fascinent et m'interpellent comme si ces mouvements et diffusion d'énergie me parlaient.

A la fin de la séance elle s'adresse à moi et me dit :
« Si vous le voulez bien je souhaiterais vous revoir car il y a quelque chose dont j'aimerais vous parler ... »

Bien sûr je lui réponds que cela m'intéresse et que je veux bien prendre un rendez-vous avec elle et que je la remercie. En rentrant chez moi je commence à réfléchir et à me demander ce que cette dame peut avoir à me révéler !!!!

Durant les jours qui ont suivi, je me suis mise à ranger des affaires et dans un sac j'ai retrouvé un chapelet d'améthyste, magnifique bijou qui m'avait été offert par ma grande-tante de Bretagne, mais pourquoi est-ce qu'il réapparaissait maintenant ? Je fis un léger lien avec ma rencontre des quelques jours précédents. Je sentais que quelque chose se passait et j'étais plus attentive aux signes autour de moi en me rappelant les mots de Marguerite ma tante ...

« Il y a plein de signes autour de nous ma petite fille, un jour tu les verras et tu comprendras tout ce qui se passe »

Et je me souvenais aussi de cette autre maison, de l'ombre sur la porte et de la chute dans l'escalier, et que dire de mon rêve prémonitoire 10 ans avant... tout cela me revenait en mémoire et je sentais que ma prochaine visite chez la guérisseuse allait m'apporter beaucoup de réponses.

Le jour convenu je me rendais donc auprès de Sonia (c'est son prénom) et nous entamions une discussion à mon sujet … Elle me dévoila alors que j'avais en moi un don, bien au chaud et qu'il était prêt maintenant à se développer… Cette annonce était pour moi une confirmation puisqu'elle me permettait enfin de comprendre mes visions et rêves, mon besoin de protéger mes proches, mon empathie pour les personnes en situation de handicap que j'accompagnais dans mon métier et mon attirance pour tout ce royaume angélique au-dessus de moi et en moi. Je comprenais aussi pourquoi depuis quelques années j'avais chez moi des petits objets à caractère angéliques et qui m'apportaient beaucoup de sérénité.

Après nos échanges très riches et intéressants, elle me confia que j'étais prête et que si je le souhaitais je pouvais revenir la voir et commencer avec elle le travail d'ouverture de différents points d'énergie sur mon corps ... Je n'eus aucune hésitation et je savais qu'à compter de cet instant ma vie allait changer et que j'allais pouvoir communiquer avec l'Univers ; c'était pour moi un merveilleux cadeau du ciel que cette révélation.

Ma rencontre avec Sonia était déjà en soi une belle synchronicité de l'univers et de mon chemin de vie.

« Le hasard c'est peut être Dieu qui se promène incognito »

Albert Einstein

Nous avions convenu de nous voir régulièrement pour pouvoir ouvrir les points doucement afin que je ne sois pas trop bousculée par les changements qui allaient s'opérer et durant un an et demi nous avons fait ce qu'il fallait, surtout Sonia d'ailleurs car c'était elle qui avait le plus de travail ; faire et expliquer mais tout se passait bien et je me sentais comme nouvelle à l'intérieur. Et j'avais trouvé en elle non seulement une guérisseuse aux pouvoirs extraordinaires mais aussi une très belle âme qui allait devenir au fil du temps une amie de cœur.

Tout ce que j'allais vivre à compter de là allait modifier mes perceptions du monde, mes intuitions, mes décisions de vie, mes choix et tout l'ensemble de ma personne ; je comprenais que je devenais un être spirituel avec une enveloppe physique, mon corps.

Avant d'être moi j'étais avant tout une âme connectée à la source infinie de l'Univers pour y accomplir un chemin de vie et une mission divine.

Très vite j'allais me laisser le temps de découvrir des livres, des personnes liées au monde du paranormal, des articles sur le net et j'entreprenais des recherches sur des sujets qui m'avaient toujours passionnée...

J'apprenais des autres, j'apprenais de moi et je trouvais un intérêt certain à tous ces domaines qui se développaient autour de nous aussi.

Je sentais les énergies autour de moi et en moi ; je commençais à vouloir soulager les personnes de leurs maux grâce à mes mains ; le magnétisme devenait un élément à part entière de ma vie et je savais que j'étais plus dans le soin des douleurs physiques de tensions musculaires mais également dans l'aide aux personnes dans le domaine psychologique ... Je mettais des mots sur les maux et après des échanges verbaux avec les gens que je rencontrais (famille, amis et connaissances) je voyais des situations s'arranger et des personnes se sentir mieux ….

C'était un tel changement dans ma vie que

je commençais à comprendre pourquoi j'avais fait des choix et vécu des situations pleines de questionnements … les réponses arrivaient petit à petit et j'avançais maintenant en portant un regard intérieur plus profond.

La révélation de ce don était devenue plus qu'un but à ma vie, c'était ma mission de vie, une mission où j'allais soigner avec mon cœur.

« On ne voit bien qu'avec le cœur, l'essentiel est invisible pour les yeux »

Antoine de St-Exupéry

Le développement du don et son origine

En ce début d'année 2011, le travail avec Sonia était une véritable redécouverte de mon moi intérieur et des ressentis vécus …
Je sentais aussi des coups de fatigue très fréquents, j'apprenais auprès de Sonia à être vigilante et à veiller à ma récupération physique et énergétique.

J'exerçais mon métier d'aide médico psychologique depuis vingt ans et je commençais à ressentir que j'arrivais au bout de ma situation professionnelle dans l'accompagnement des personnes en situation de handicaps en foyer de vie et foyer d'hébergement ; je décidai d'ailleurs assez vite d'évoquer mes ressentis au cadre de direction de l'établissement et d'explorer la piste d'une mutation vers un autre service de l'Association. Au moment où j'en parlais il n'y avait pas de postes vacants sur les autres structures et conservant donc mon poste je commençais à être touchée par des maux inhabituels et j'ai dû faire face à plusieurs arrêts de travail et à une intervention chirurgicale de la vésicule biliaire.

Je comprenais que mon corps m'envoyait des messages forts afin que je l'écoute et que je prenne à la fois du repos et du recul ; en quelque sorte que je prenne d'abord soin de moi afin de continuer à prendre soin des autres...

Je vivais en parallèle une situation difficile dans ma vie sentimentale et je n'avais donc d'autre choix que de me retirer pendant plusieurs mois afin de me retrouver et de faire les choix qui allaient déterminer mes actions futures.

Les mois et les années passaient et mon don devenait plus intense, mes intuitions et sensations aussi et c'est vers le dernier semestre de l'année 2013 que je prenais la décision de faire une rupture conventionnelle avec mon employeur ; suite à un entretien avec le directeur général, nous décidions ensemble des besoins et modalités et je m'engageais donc à reprendre mon poste jusqu'au début de l'année 2014, date à laquelle ma rupture était signée et mon départ effectif.

Je recevais également en cette fin d'année 2013 une médaille du travail qui clôturait 22 années d'une mission auprès de toutes ces personnes que je garderai dans mon cœur. Le jour de mon départ, je ressentais en présence des personnes accueillies et de mes collègues un profond bonheur et de beaux souvenirs ; mes émotions personnelles étant vécues après à mon retour chez moi.

Je tournais une page et une autre mission allait s'offrir à moi… Une mission plus dans le soin et seule car j'avais l'intention de me projeter en tant que travailleur indépendant.

Durant six mois je préparais cette reconversion vers le magnétisme puisque les capacités que je développais prenaient une grande part à ma vie et je souhaitais profondément aider les personnes que je rencontrais et qui avaient besoin d'aide et de soutien.

Mon auto-entreprise était mise en place mais je n'ai pas pu la poursuivre ; en effet mes revenus n'étaient pas suffisants pour me permettre de subvenir à mes besoins et ceux de mes proches … c'est tristement que je mettais un terme à mon entreprise quatre mois après son début.

Ce que je vivais comme un échec est devenu à force de travail sur moi, une expérience qui m'a endurcie et permis de rebondir.

J'avais du temps à consacrer à mon mieux être et la fin de l'année 2014 s'avérait très douloureuse tout d'abord avec le décès de ma grand-mère ; après trois malaises cardiaques en trois semaines, je l'ai accompagnée vers sa dernière demeure lors de ma visite la veille de sa mort ; je sentais qu'elle voulait partir mais qu'elle avait peur, je lui avais dit quelques mots doucement dans l'oreille et que de l'autre côté mon père, mon grand-père et mon oncle l'attendaient, j'en étais convaincue et je me souviens de son sourire après mes mots….

J'avais un deuil à vivre et une profonde tristesse mais il y a une vie après… et j'allais en avoir à nouveau le signe évident.

L'année 2015 était très dure, je vivais dans la peine de plusieurs deuils de personnes et de situations, la vie me servait un plateau d'épreuves et il fallait que je trouve en moi la force pour les traverser…

« Dieu fait servir les vents contraires pour nous ramener au port »

Charles de Foucault

C'est après les obsèques de ma grand-mère que je décidai de commencer mon arbre généalogique ; j'avais du temps et surtout un grand besoin de connaître mes origines et mes ancêtres.

Je retrouvais de vieilles photos, demandais des renseignements à mes tantes et oncles et à ma mère aussi pour travailler sur les deux côtés de ma famille. Mes recherches allaient s'avérer passionnantes puisque je découvrais que mon arrière-grand-mère paternelle avait été une guérisseuse, elle soignait les maux des personnes malades, barrait les verrues etc.

Cette arrière-grand-mère mourut l'année de ma naissance, deux jours avant pour être même précise et ses obsèques eurent lieu le jour même de ma naissance, le 3 février 1967 ; ma mère eut les premières contactions à l'église pendant la cérémonie funeste et l'évidence m'apparaissait dans la transmission de son don vers moi.

Je remarquais également que j'étais la seule des petits-enfants de mes grands-parents à être fille unique ; tout comme mon grand-père qui était fils unique… le lien de transmission de mon arrière-grand-mère était peut être aussi celui-là.

Je me souviens que chez mes grands-parents il y avait un puits et que mon cousin qui avait des verrues au doigt, jetait des haricots dans le puits et les verrues disparaissaient.

C'était pour moi une belle réponse à toutes ces questions que j'avais en moi depuis des années, mon intérêt pour le soin, le développement de ce don et tout le cœur que je mettais à vouloir aider et secourir les personnes et protéger mes proches ; c'était devenu mon but ultime et je m'accrochais de nouveau à cet espoir de sortir de cette période très éprouvante de ma vie.

C'est dans la solitude que je trouvais ma plus grande force et dans l'arrivée inopinée d'une petite boule de poils grise, une chatte du doux nom de Eden *(ça alors ! un beau signe)*… Elle appartenait à ma voisine de la maison en face et avait élu passage régulier dans mon jardin tout d'abord puis après quelques caresses et échanges, elle était rentrée à la maison …

Ma voisine n'y trouvait aucun inconvénient car depuis son choix d'avoir un chien, Eden ne trouvait plus sa place et ne voulait plus rentrer chez elle. C'est donc avec bonheur qu'elle avait constaté que la chatte se sentait bien chez moi et très vite Eden allait devenir mon plus grand soutien et ma plus fidèle amie. Ses ronronnements m'apaisaient et sa présence était un bonheur ; la vie d'un chat est extraordinaire et je le constatais chaque jour avec Eden … elle était elle aussi une guérisseuse… ma guérisseuse.

Je l'observais et nous sommes devenues très proches si bien que la coquine découvrait les pièces de la maison au fur-et-à-mesure que je m'interdisais qu'elle y rentre ; assez maligne pour me laisser l'autoriser à faire partie intégrante de mon univers et de celui de mes proches puisqu'elle devenait l'amie de tous.

Je conversais avec elle de façon tellement naturelle, ses miaulements répondant à mes mots ; j'avais développé depuis quelques temps une communication particulière avec la nature et les animaux et sa présence me faisait découvrir la sensibilité animale ; elle réagissait en effet aux bruits dans la maison et notamment plusieurs fois à des bruits dans l'escalier et du côté d'une vieille malle familiale qui avait appartenu à mes grands-parents, ma grand-mère m'en ayant fait cadeau, elle avait été rénovée par deux amies.

Environ un an après le décès de ma grand-mère, les bruits autour de cette malle attiraient aussi mon attention et un soir dans l'escalier j'eus l'impression qu'une âme familière était là…. je ne ressentais pas de peur, j'étais plutôt bien avec cette intuition et sur mon corps, je sentais les énergies (frissons, chaleur...) ; je décidai le lendemain d'en parler à Sonia elle me répondit de chercher au fond de moi, que cette présence je la connaissais et qu'elle avait quelque chose à me dire.

Il devenait évident que c'était ma grand-mère et qu'elle allait sûrement partir plus loin sur son nouveau chemin, je restais donc très attentive et quelques jours après, je sentis une nuit pendant mon sommeil une masse s'asseoir sur mon lit et une voix douce s'adressa à moi avec ces mots : « Fabienne, Fabienne »… j'étais sure que c'était ma grand-mère et qu'elle était passée pour me dire que tout allait bien pour elle et qu'elle allait continuer sa route. Je dormais et j'eus l'impression de rêver et quand je me réveillai soudainement, la masse sur mon lit disparut et je ressentis une sensation de bien-être et de communication avec celle qui avait manifesté durant plusieurs jours des bruits dans la maison et puis cette assise sur mon lit tellement puissante….

C'est avec le sourire que je retrouvais mon sommeil et ma sérénité ; une sérénité qui allait s'installer petit-à-petit dans ma vie, laissant les souffrances s'en aller et ouvrant la porte à cette sensibilité qui renaissait en moi, une sensibilité remplie d'amour.

« *La sérénité ne peut être atteinte que par un*
esprit désespéré, et pour être désespéré
il faut avoir beaucoup vécu et aimer
encore le monde »

Blaise Cendrars

A la découverte de mes expériences

A travers cette sensibilité retrouvée, une partie de moi retrouvait une origine, celle de mon âme et j'avais tellement envie de découvrir à ce sujet. C'est au travers de lectures et de recherches sur internet que mon intérêt grandissait et dans la continuité de mon travail avec Sonia, j'allais trouver encore de nombreuses pistes à explorer ...

En plus du magnétisme, je découvrais en moi une part de « médiumnité » et cela me faisait repenser à mon rêve prémonitoire en 2000.

Je décidais de commencer des séances d'écriture automatique seule chez moi et avec une certaine concentration j'ai pu sortir quelques éléments notamment quand je demandais à l'Univers de me désigner mes guides... J'eus, par écrit de ma main dans un état autre que le mien naturel, qu'un guide très haut était à mes côtés sur ce chemin. Tout n'était pas toujours très lisible mais ma main munie du stylo avançait sur le papier alors que mes yeux étaient fermés, c'était incroyable !!!!

C'est aussi par mes rêves que transitaient beaucoup de messages et je décidais également de laisser près de mon lit un cahier et un stylo afin de noter des détails de mes rêves lorsque je me réveillais.

Je restais bien sûr gracieusement au service des personnes qui en avaient besoin, et souvent c'était mes proches, famille et amies à qui je prodiguais soins et écoute particulière.

Il m'arrivait aussi de me trouver parfois en situation où une âme qui m'était totalement étrangère s'accrochait à moi pour avoir de l'aide... Je ressentais lors de ces moments, des baisses d'énergie qui pouvaient être éprouvantes ; généralement je croisais toujours Sonia dans ces moments-là comme pour me signifier que j'étais un canal de transfert vers elle pour que ces âmes puissent continuer leur chemin ; Sonia récupérait les âmes et faisait un travail de passage de l'autre côté …

Je me souviens de l'âme d'un homme qui s'était accrochée à moi alors que j'étais allée me promener du côté d'un viaduc dans ma région… Le lendemain matin j'avais rendez-vous avec Sonia et quand j'étais arrivée chez elle, elle m'avait trouvée mal, pourtant je ne sentais rien ; c'était trop tôt en effet pour que je me sente fatiguée… elle avait ressenti une douleur dans la gorge et s'était mise à tousser, j'étais inquiète de la voir ainsi et elle m'avait demandé ce que j'avais fait les jours passés. Je lui avais alors parlé de ma sortie près du viaduc et elle avait rapidement trouvé le lien.

Un homme s'était suicidé sur ce viaduc et son âme était restée sur place durant un certain temps, lors de mon passage, l'âme de ce monsieur avait ressenti ma réceptivité et la possibilité que je puisse l'aider ou le conduire vers quelqu'un susceptible de le faire passer de l'autre côté et ce fut le cas puisque je l'avais conduit jusqu'à Sonia… elle fit le nécessaire et l'âme put rejoindre la lumière.

J'ai compris à compter de ce jour que je pouvais être un relais entre des âmes perdues et une personne ayant la capacité de les faire passer.

Je vécu un rêve dans lequel j'avais vu une petite fille faire de la balançoire et elle essayait de parler mais je ne comprenais pas ce qu'elle me disait ; dans ce cas aussi je me trouvais quelque temps après à voir Sonia qui détecta au niveau de mon ventre une petite âme qui était là … comme c'était une âme d'enfant elle n'avait pas assez d'énergie pour que je sois épuisée ou fatiguée, elle était juste à l'abri en attendant le bon moment, celui où le relais pourrait se faire ; je n'ai jamais su où j'avais récupéré l'âme de cette petite fille, l'important était qu'elle puisse enfin se sentir heureuse de l'autre côté, je lui ai dit au-revoir et elle est partie…. J'ai ressenti une profonde émotion ce jour là et aussi un bonheur de la savoir là où elle devait être… elle n'était plus perdue.

Bien sûr des questionnements se produisaient souvent dans ces moments mais je lâchais prise assez vite car ce qui avait pu se passer autour de ces décès ne m'appartenait pas... j'avais compris le rôle que j'avais et ma volonté était que le dénouement soit le meilleur pour tous. Je savais aussi combien ces passages étaient un travail pour Sonia et j'admirais et je respectais tout ce qu'elle faisait.

J'ai vécu d'autres expériences qui ne peuvent pas être relatées ici car trop proches de ma vie personnelle… L'essentiel pour moi a toujours été d'essayer de comprendre chaque situation et de voir une fin heureuse pour toutes les personnes impliquées.

Ces expériences m'ont permis d'acquérir la certitude que la vie après la mort existe, que l'âme voyage, qu'elle a existé avant d'être dans le corps actuel et qu'elle se réincarnera encore après …

« Quelle âme hésiterait à bouleverser
l'Univers pour être un peu plus elle-même ? »

Paul Valéry

La mienne n'hésitait plus à vouloir trouver les réponses que je cherchais depuis des années…

Mon vrai chemin

Chaque jour qui se levait était rythmé par ce don avec ses côtés fascinants et magiques et ses côtés interrogateurs et fatiguants. Pas toujours facile de vivre avec des ressentis quand on rencontre une personne, de percevoir une énergie particulière quand on est dans un lieu, de recevoir des messages en rêve et de savoir quoi en faire ; je m'adaptais du mieux possible à cette « nouvelle compagnie dans ma vie ».

Je développais aussi mes connaissances et mes capacités car je savais qu'elles seraient une force qui pourrait m'accompagner chaque jour.

Ma vie était en train de changer et après m'être découverte plus en profondeur lors d'une séance d'hypnose, je décidai de laisser partir tout ce qui alourdissait mon âme et mon corps, tout ce qui m'occasionnait souffrance et tristesse … toutes ces énergies de basse fréquence qui freinaient mon cheminement et mon bien-être. Après deux séances j'ai pu me libérer de la relation amoureuse qui n'avait pas fonctionné et de la douleur que cette situation avait occasionnée en moi… ce fût un déchirement intérieur mais aussi le début de ma voie de guérison ...

Puis ce fut une autre action autour de la cigarette ; je n'étais pas une grosse fumeuse mais je décidai de stopper nette cette consommation toxique et du jour au lendemain je cessais de fumer, sans prendre aucun substitut et en gardant une alimentation équilibrée. Une synchronicité allait se placer sur mon chemin pour me faire découvrir une activité saine pour mon esprit et mon corps : le yoga faisait son entrée dans ma vie quelques jours après l'arrêt du tabac... C'est au mois de septembre 2015 que je débutais mes premiers cours de yoga indien, chinois et égyptien.

La méditation et la relaxation s'installaient plus en profondeur aussi, j'en faisais déjà chez moi seule mais là je ressentais un besoin vital de me reconnecter à l'essentiel de mon être.

Je sentais mon vocabulaire changer, j'employais d'autres mots, je ressentais d'autres vibrations, je vivais une évolution spirituelle importante et ma vie entière s'en trouvait modifiée …

Je partageais également ces bienfaits avec mon entourage ; j'étais devenue très sensible aux énergies de la Terre, à celles du Ciel et ma communication avec Dame Nature était fréquente et puissante … les oiseaux, les animaux, les insectes berçaient ma vie ; j'étais remplie de sérénité et de gratitude pour tout ce que la vie m'apportait. Les arbres devenaient une source de rechargement de mon énergie et cette communion silencieuse était un grand moment de paix.

Mes sens se développaient aussi ; mon audition était plus sensible et des sifflements accompagnaient mon quotidien ; je me souviens avoir plusieurs fois souri alors que je demandais à mes anges gardiens de me parler plus clairement car je ne comprenais pas toujours leur fréquence....

Des signes apparaissaient souvent sous forme notamment de série de chiffres identiques (ex : 555, 777, 1111 etc…) je cherchais leurs significations pour mieux comprendre les messages. Je trouvais très régulièrement des petites pièces de monnaie et des plumes sur mon chemin et je les conservais précieusement.

Le goût de certains aliments se modifiait et j'en tirai la conclusion que ce sens évoluait aussi … je commençai à manger moins de viande et à la sélectionner chez des artisans-bouchers en vérifiant la provenance. Je devenais flexitarienne…

Les autres sens, odorat, toucher et vue se trouvaient également modifiés et me procuraient des sensations nouvelles… Mon intuition évoluait aussi et était très fiable, à chaque fois que je la suivais elle me disait que je ne me trompais pas ; quand je ne la suivais pas et que je laissais place entière à mon ego je pouvais être sûre du résultat qui généralement n'était pas favorable.

Avec le temps, les expériences et la volonté, je devenais plus encline à la sagesse et je me sentais totalement en harmonie avec ma vie. J'avais trouvé mon vrai chemin, celui qui m'avait permis de faire de belles rencontres et de développer plus profondément mes sens ; je ressentais un bonheur agréable à partager et j'avais un équilibre sacré.

Le début de l'année 2016 m'offrit une nouvelle opportunité de reprendre mes fonctions dans un établissement plus ouvert vers le soin aux personnes en situation de handicap. Une expérience à vivre, des personnes à rencontrer, un autre élan à ma vie… et cependant il y avait là une intuition étrange, cette intuition qui allait vite me rappeler à l'ordre ...

« Une intuition ne se prouve pas,
elle s'expérimente »

Gaston Bachelard

Une expérience gravée

Ce dernier jour du mois de février 2016, je signai un contrat à durée déterminée dans un établissement accueillant des personnes adultes en situation de handicap et je retrouvais quelques résidants que j'avais connus auparavant dans l'établissement où j'avais œuvré durant plus de 20 ans.

Il y avait pour moi un sens profond à mon passage sur ce lieu et avec ces personnes. En effet je sentais que j'avais une mission particulière à accomplir et j'allais vite laisser mon cœur et mon âme se réjouir des retrouvailles avec ceux et celles que j'avais accompagnés avant et qui se trouvaient ici pour un suivi plus médicalisé et axé sur le vieillissement et la fin de vie...

Je découvrais une équipe de soignant et d'aide médico-psychologique et comprenais rapidement mes fonctions. Je mettais mon énergie au service de cette mission et je restais vigilante à mes ressentis car en effet certaines énergies me dérangeaient et j'y étais particulièrement sensible.

Un premier accompagnement de fin de vie allait vite se présenter et il concernait un résidant que je connaissais bien puisqu'il était présent dans l'établissement d'avant ; je mis beaucoup de cœur à porter soin et attention à ce monsieur qui allait nous quitter paisiblement après un accompagnement sur le site et avec une équipe de professionnels des soins palliatifs. Un deuxième accompagnement allait suivre pour une dame que j'avais également connue avant et qui allait décéder. J'étais dans des émotions de tristesse et je comprenais le sens de ma mission qui était d'être auprès de ces personnes et de leur donner amour et bienveillance jusqu'à leur dernier souffle ...

J'allais aussi faire une rencontre qui allait bouleverser le cours de ma vie. Le responsable du service des soins palliatifs, une très belle personne dotée d'une âme sensible, médecin reconnu et bienveillant était également président d'une association accompagnant les personnes en situation de deuil ; cette opportunité me parlait puisque j'avais décidé d'être bénévole au sein d'une association.

Après avoir découvert une conférence dont le sujet était le deuil qui affecte le travail, tout était très clair dans mon esprit, c'est auprès de cette association que j'allais proposer mes services en tant que bénévole. Et ce fut une action menée dans la foulée avec la rencontre d'un groupe de bénévoles aux valeurs humaines profondes et sincères, des personnes qui sont arrivées sur mon chemin et qui l'ont éclairé un peu plus.

Les semaines et les mois passaient et je sentais mes énergies diminuer ; mes ressentis et intuitions étaient nombreux et je cherchais à comprendre ce qui se passait …

En parallèle à mes fonctions dans l'accompagnement et le soin, je commençais à me former à tout ce qui touchait le deuil.

Après quelques problèmes de santé que j'allais vite analyser comme provenant des énergies de mon lieu professionnel, je vécus une situation où je n'étais plus en phase avec les managers qui me dirigeaient et ne reconnaissant plus les valeurs que j'avais connues depuis plus de 20 ans, je décidais de prendre du recul et de me mettre en arrêt.

Expliquer ici les raisons et manifestations de cette situation ne me semble pas dans l'énergie de mes écrits, je laisserai donc de côté tout l'aspect qui a déclenché les 6 mois d'arrêt ; un autre décès d'une personne accueillie que je connaissais depuis mon enfance et qui m'a profondément touché ayant eu lieu pendant mon arrêt. Je vécus là une grande douleur et une culpabilité de ne pas avoir été présente pour accompagner « mon doudou » comme je l'avais affectueusement surnommé après toutes ces années à le voir évoluer.

Ma situation professionnelle allait se solder par un licenciement après deux ans-et-demi et une mesure d'inaptitude destinée à me protéger. Une épreuve difficile mais nécessaire certainement à la poursuite de mon but de vie et du sens de celle ci.

Du côté de l'accompagnement au deuil, j'ai suivi la formation de sensibilisation et j'ai pu comprendre et apprendre beaucoup... J'ai pu faire le travail sur mes deuils passés, pour les personnes décédées et pour les situations qui m'ont endeuillée (mon divorce et la rupture sentimentale quelques années plus tard, la fin de mon contrat professionnel...). J'ai rencontré de très belles personnes et je suis consciente que chacune a apporté à sa manière une pierre sacrée à mon édifice.

Le 18 juillet 2018 allait voir la fin de mon contrat et le début d'une voie où toutes mes capacités et compétences allaient s'avérer précieuses.

Pour la première fois, je me disais que le métier « vocation » que j'avais choisi ne ressemblait plus aux valeurs qui étaient les miennes.

Une nouvelle étape, un autre pas vers mon destin ...

« Le destin a coutume de donner d'étranges rendez-vous »

Alessandro Baricco

Le retour aux sources

Comme il était important en ce mois de mai 2019, quelques jours avant la date d'anniversaire de mon père (il aurait eu 76 ans le 12 mai) de revenir sur les lieux de mon enfance, dans ce bel endroit des Côtes d'Armor. Binic, c'est là que les vacances avec mes parents et les partages avec ma grande tante m'ont fait vivre des moments de bonheur et de découverte.

C'est de là que je suis repartie du 4 au 7 mai avec un parcours bien précis durant lequel mes souvenirs sont remontés à la surface avec une grande clarté et une grande émotion… Des larmes qui avaient besoin de couler pour nettoyer tout ce temps passé et que j'ai vécu avec un profond respect pour mes chers disparus et un grand respect pour ceux qui restent et pour mon être intérieur. De Pléneuf Val André où la maison d'hôtes nous a accueillies, c'est en compagnie de ma meilleure amie que j'ai fait ce «pèlerinage» de retour aux sources.

L'ambiance n'était pas celle habituelle d'un départ au bord de la mer, je vivais ce moment comme un passage obligé pour continuer sereinement mon chemin et je me sentais prête pour cet instant-là.

Quelques énergies particulières m'accompagnaient également car une personne chère à mon cœur venait de subir une opération d'un poumon et je suivais son état avec beaucoup de bienveillance… Ce voyage était donc doublement particulier et empreint de beaucoup de calme dont j'avais besoin pour vivre ce retour.

Après le parcours en voiture durant presque six heures, nous sommes arrivées dans notre lieu d'accueil et avons pris un bol d'air sur la jetée, puis un repas local de fruits de mer et poisson face à l'océan pour terminer par un beau coucher de soleil sur l'eau et une bonne nuit de repos.

Le lendemain, départ vers Binic en passant par Saint-Brieuc. J'avais hâte d'arriver et j'essayais de reconnaître les lieux sur la route. Bien sûr il y avait des changements depuis presque 30 ans mais je passais la pancarte Binic avec une lumière dans les yeux et me dirigeai directement vers le centre où je reconnaissais tous les commerces puis la montée vers la maison de ma grande-tante… Rien n'avait changé, j'avais l'impression d'être venue la veille…

«Çà y est c'est là »... la maison, le jardin, le portail lui n'est plus le même mais les murs, la verrière, la porte d'entrée tout est resté identique et beaucoup de souvenirs remontent ; il y a deux voitures devant la maison, elle est donc habitée...

Je fais le choix de ne pas déranger les propriétaires et je reste juste devant prenant quelques photos pour immortaliser ce moment. Ma gratitude est immense de m'avoir permis de revenir sur ces lieux. Les maisons autour sont fermées, mais je me souviens des personnes qui y habitaient.

Puis c'est vers le cimetière que nous nous dirigeons dans l'optique de retrouver la tombe de ma grande-tante et de son mari Julien, mon grand-oncle décédé longtemps avant elle. J'ai de vagues souvenir de l'emplacement de la tombe et avec mon amie nous empruntons chacune une allée sur la droite, nous séparant pour avoir plus de chance de trouver et seulement au bout de quelques minutes, mon amie me dit « je l'ai trouvée, elle est là » …

Elle me laissa seule devant la tombe pour que je vive ce moment émotionnellement fort dans la profondeur de mon âme … je me recueillis plusieurs minutes puis j'émis le souhait de trouver une figurine angélique et de revenir la déposer ici.

C'est sur le port que nous décidions de manger et comme le soleil était présent et chaleureux, nous prenions notre déjeuner fruits de mer et poisson à nouveau en terrasse… ce fut un très beau moment de partage avec mon amie et je lui étais reconnaissante d'avoir été là dans cet instant si important et riche en émotions.

Après le repas, nous nous sommes baladées sur la plage où j'avais l'habitude d'aller, je reconnaissais là aussi l'endroit...

La première boutique dans laquelle nous allions rentrer allait m'offrir cet ange que je souhaitais. Un passage à l'église pour y allumer un cierge et nous reprenions la direction du cimetière où je descendis seule pour déposer l'ange sur la tombe, en souvenir et mémoire de ces chers disparus.

Le chemin spirituel que je devais réaliser ce jour m'avait apporté paix et sérénité ; mes souvenirs étaient présents et laissaient place à un sentiment de calme intérieur. Les émotions faisaient partie de ce moment particulier et nous allions reprendre la route en quittant Binic et nous diriger pour la suite de notre promenade vers St Quay Portrieux et une magnifique vue sur la baie et la côte de granit rose.

De nombreuses photos prises de tous ces instants figeaient les souvenirs de ces retrouvailles avec mon passé. Un soleil radieux nous avait accompagné tout au long de cette belle journée et le retour vers notre lieu d'hébergement nous augurait une soirée tranquille et un repos bien mérité.

Le lendemain lundi, c'est vers l'île de Bréhat que nous décidions de nous rendre pour une journée découverte pour ma part et proche de la tranquillité de ce lieu au milieu de l'eau... Une traversée en bateau de quelques minutes et nous arrivions sur ce petit bout de terre calme et apaisant où l'air était agréable et les ruelles accueillantes avec leurs maisons en pierre, ornées de jardins fleuris.

Un pique-nique près du moulin à marée en compagnie des mouettes, une détente entourée d'une eau turquoise et plusieurs heures de marche tranquille en différents lieux de l'île.

Le retour à bord de la vedette « Cupidon » permettait de clôturer ce moment avec un sourire et de belles pensées pour l'avenir ...
Une gratitude spéciale pour l'amie qui m'a accompagnée dans cette re-découverte d'une belle partie de la Bretagne, cette

région chère à son cœur et chère au mien pour les souvenirs passés et les moments présents.

Ah cette Bretagne, elle mérite bien une parenthèse. Je m'y rends régulièrement depuis trois ans. Nous avons de la famille à Saint Nazaire, j'ai fêté mes 50 ans dans le Finistère où j'ai pu profiter d'un séjour bien-être offert par ma maman et mes enfants. J'ai sillonné la côte, visité le Morbihan et son golfe unique où même au mois de novembre, un repas en terrasse est exceptionnel. Que dire de la Haute Bretagne, du Mont Saint Michel merveille du patrimoine Français, lieu mythique et spirituel très intense, de cette forêt de Brocéliande féérique et naturelle. Et puis comment ne pas aimer les Côtes d'Armor, lieu emblématique de mon enfance et de ce retour aux sources…

Et tous ces lieux que j'ai parcourus ces dernières années en compagnie de mes proches et amies. Partout la Bretagne est belle et surprenante par ses couleurs et ses coutumes.

Je sais pourquoi je l'aimais tant dans mon enfance.

Le mardi il était temps de reprendre la route du Berry et de laisser la Bretagne pour mieux la retrouver dans quelques mois ; grâce à un coffret « trois jours de rêve » toujours présent chez moi, je sais que l'occasion de revenir sera d'actualité et j'ai pris le rythme de venir en Bretagne deux fois par an. Sur des périodes où les vacanciers sont moins nombreux et durant trois ou quatre jours, ce temps suffit à me déconnecter et à me ressourcer.

C'est le cœur léger et avec une profonde paix intérieure que j'ai retrouvé mon chez moi … Eden mon animal adoré, la maison et mon environnement paisible. Et le partage de ces quelques jours avec mes proches.

« La vie ne se comprend que par un retour en arrière, mais on ne la vit qu'en avant »

Sören Kierkegaard

La force de l'âme

Quelques semaines après mon séjour en Bretagne, j'ai repris le cours de ma vie et de mes projets : retrouver ma famille et mes amies et renouer avec mon environnement calme et doux.

J'ai ressenti à plusieurs reprises cette chaleur autour de moi, celle de mes proches disparus … elle était plus intense que d'habitude et me faisait beaucoup de bien. Je laissais les signes se manifester et mon intuition se développer encore un peu plus. Je me sentais plus en confiance dans les messages de l'Univers et plus attentive à mes ressentis. Tous ces signes que je trouve aussi dans les cartes.

Depuis plusieurs années, les cartes oracles font partie de ma vie et je pratique régulièrement des tirages d'anges, de fées et de nature... ces messages m'ont beaucoup aidée dans la lumière de mes épreuves et des actions à mener. J'ai très souvent trouvé à travers les oracles des réponses à mes questions ; c'est à la fois un moment de détente et une aide au cheminement de ma vie. Les messages sont simples et significatifs et ils me permettent de me redonner force et courage.

Ce moment de détente je le partage souvent avec une très bonne amie, celle qui aime la Bretagne et qui m'a accompagné lors de mes voyages. Entre ses jeux et les miens nous avons l'une et l'autre des éléments sur nos avancées de vie et des aides. Seules ou ensemble, nous savons que les tirages et leurs messages nous apportent une sérénité et une réflexion quant à nos actions en cours ou à venir. L'anticipation permet souvent de prévenir les actions et par les messages on fait les choses de façon plus méthodique. La pensée tient alors une place importante dans la réalisation de l'action à mener.

Dans un de mes jeux d'oracles, il est question des vies antérieures... je suis fascinée depuis plusieurs années par la force de l'âme à nous faire découvrir qui nous avons été dans des vies précédentes.

Il y a quelques années j'ai fait un rêve dans lequel je me voyais, c'était mon âme je le sentais mais j'étais quelqu'un d'autre, un homme, soldat romain sur la place d'un village, je donnais à manger aux pauvres gens, des boules de pain pour être précise... je me rappelle un détail dans ce rêve il s'agissait des chaussures que je portais, c'était des spartiates, chaussures romaines en cuir avec des lacets... les spartiates m'ont toujours attirée mais je n'en n'ai jamais porté, du moins dans cette vie ci...

Les vies antérieures... mûre réflexion ; qui étions nous avant d'être qui nous sommes en ce moment-même ? Ce sujet m'a intéressée et j'ai choisi d'y consacrer une part de ma pensée...

Nous ne sommes pas qui nous sommes sans quelques étapes dans nos vies précédentes et j'ai trouvé intéressant de faire des liens avec ma vie actuelle et les personnes qui en font partie.

Au fur-et-à mesure de mon développement personnel, le besoin de connaître mes vies antérieures s'est fait plus présent et une seule personne pouvait m'aider dans ce travail, il s'agit de mon amie Sonia.

Assez régulièrement je vais la voir pour faire un recentrage de mes énergies et vérifier que la circulation se fait bien ; en effet selon les situations que je vis, je peux être affectée et subir quelques « pannes » et déconvenues... Il m'est donc indispensable de faire un « contrôle intérieur » ; de mon côté je fais au mieux pour me ressourcer à travers les éléments de la nature, le yoga et la relaxation mais il peut m'arriver de ne pas pouvoir seule faire face à certains blocages, Sonia est une aide précieuse dans le domaine et m'apporte toujours le soin approprié.

Décider de travailler sur mes vies antérieures était une étape par laquelle je devais passer pour mieux comprendre et poursuivre cette vie-là dans la sérénité ; j'ai pu avoir la confirmation de la vision qui avait été la mienne concernant le soldat romain qui m'était apparu... J'ai vu aussi la fin de vie plus exactement la façon dont ce soldat fut tué.

Je savais donc que mon âme dans le corps de ce soldat était partie après avoir reçu un coup de couteau mortel dans le dos ; considéré comme ayant certainement trahi ses vœux de soldat, en donnant à manger à de pauvres gens il avait dû enfreindre la loi... quand j'ai eu l'image de ce coup de couteau dans une autre vision nocturne, il m'est apparu que la personne qui m'avait asséné ce coup était proche de moi, un ami peut être ...

Sonia décidait de travailler en profondeur sur mes autres vies, il me semblait dans un autre rêve en avoir vu une où j'étais une femme blonde et j'avais des enfants autour de moi mais c'était très flou ...

C'est un jour d'octobre 2018 que Sonia me convie et quelques jours auparavant nous avions décidé avec une amie chère à mon cœur, de nous y rendre ensemble. Partageant beaucoup d'éléments dans nos vies respectives et actuelles, il m'était assez facile de vivre ce moment en sa présence et en effet ce fut une belle décision que celle prise ce jour-là …

Par discrétion pour sa vie actuelle je ne citerai pas son prénom, je la nommerai par le surnom que je lui ai donné, « ma tendresse » et j'ai compris ce jour-là pourquoi je me sentais aussi proche d'elle et avec ce lien affectif aussi fort …

Quand Sonia commença à évoquer mes vies antérieures, elle choisit de commencer par celle qui concernait « ma tendresse » ; deux femmes, une adulte et une enfant de 9 ans, assez pauvres et marchant dans la boue pieds nus, nous vivions de notre travail qui consistait à assister les familles dans leurs chagrins et leur douleur d'avoir vu mourir un proche, nous tirions des charrettes où étaient déposés les morts …

Je m'appelais Geneviève et ma fille se prénommait Apolline ; un jour elle fut enlevée par des brigands et je ne l'ai jamais revue... elle a eu une fin tragique dont je ne connais pas les détails aujourd'hui ; redoutant certainement de fortes émotions.

« Ma tendresse » et moi étions donc mère et fille ...

Une émotion nous gagna toutes les deux et nous ramena dans cette vie-là où le lien avec le deuil était à nouveau présent… Et ce sentiment particulier qui me laissait une émotion en tant que maman. Avoir perdu mon enfant dans cette vie antérieure me touchait profondément.

Après l'émotion, le sourire vient éclairer nos visages, Sonia nous disant qu'il est rare que deux personnes qui ont eu un lien de parenté puissent se retrouver dans une autre vie avec un lien fort comme celui que nous vivons en tant qu'amies ; nous comprenons mieux d'où vient cette tendresse, cette protection et cet amour si particulier qui s'est développé dans notre vie actuelle ; et toutes ces affinités que nous partageons dans nos activités et nos attraits pour les éléments de nos développements de vie spirituelle. Cette révélation vient celer à jamais notre belle relation et illumine ma vie un peu plus ; quand on comprend que l'âme est d'une énergie aussi intense, on ne peut que se réjouir de ce qui se passe en nous.

Sonia me révéla deux autres vies antérieures où j'étais un homme ; un aviateur pendant la guerre froide, décédé au combat, avion abattu au-dessus de la mer et une autre vie où j'étais résistant et j'aidais les gens à se cacher et passer la frontière.

Un élément revient dans chacune de mes vies, j'ai toujours eu les yeux bleus et dans ma vie actuelle aussi. C'est d'ailleurs à travers mes yeux que je fais passer beaucoup d'émotions et de messages.

« Les yeux sont le miroir de l'âme » dit-on, je pense que dans le cas présent c'est une grande réalité.

J'étais aussi beaucoup dans l'aide aux personnes dans mes vies précédentes et ce côté bienveillant ne m'a jamais quittée, il est en moi comme une empreinte de ma mission divine.

Cette étape sur mes vies antérieures m'a apporté beaucoup de sérénité et de sagesse et je regarde ma vie actuelle avec beaucoup d'attention quant à mon vécu. Le karma qui nous suit sur plusieurs vies peut nous révéler parfois de bien jolies surprises comme il peut aussi nous donner des indicateurs importants par rapport à des âmes que nous avons rencontrées dans des vies passées et que nous retrouvons dans nos vies actuelles …

Que nous éprouvions des joies ou des peines avec des âmes karmiques, l'expérience nous enseigne finalement que d'une vie à une autre nous sommes censés évoluer et tirer des leçons de toutes nos épreuves.

« *Même les rencontres de hasard sont dues à*
des liens noués dans des vies antérieures…
Tout est déterminé par le karma.
Même pour des choses insignifiantes,
le hasard n'existe pas »

Haruki Murakami - Kafka sur le rivage

Les répercussions actuelles

Depuis de nombreux mois, je sens que s'opèrent en moi des changements importants qui vont venir apporter à ma vie un nouveau souffle.

Je vois chaque jour beaucoup de synchronicités en particulier à travers les nombres, les heures, les liens qui apparaissent sur les outils du quotidien *(téléphone, ordinateur, télévision…)*. L'Univers utilise les moyens de communication modernes pour nous envoyer des messages perceptibles.

L'attention est importante pour pouvoir décoder ces messages et j'ai appris avec le temps et mon vécu à être attentive et à repérer les signes qui se présentent à moi.

J'ai également développé une réflexion au travers des messages et je ne fais rien sans avoir pris le temps de me poser et de voir si c'est bon ou pas pour moi. Plus de coup de tête où je fonce … l'expérience m'a appris à prendre le temps et à ne plus m'inquiéter ; les inquiétudes étant des énergies négatives auxquelles je n'ai pas envie de laisser de place.

Ce n'est pas rose tous les jours car comme tout un chacun je rencontre des situations qui suscitent des interrogations, des questionnements et des inquiétudes ; je choisis de ne pas les laisser me submerger et je lâche prise. J'ai appris là aussi à le faire et c'est un travail de tous les instants.

Je travaille beaucoup avec mon intuition et je suis consciente qu'elle m'a aidée dans de nombreuses situations. Je médite, je me relaxe et je respire. J'ai appris à écouter mon corps et ses maux et à adapter mes attitudes aux événements qui se produisent.

Je fais au mieux pour aider, accompagner et soutenir les personnes qui m'entourent, qu'il s'agisse de ma famille, de mes amies ou de personnes que je rencontre, je fais de ma bienveillance mon atout essentiel ...

Je vis avec mon cœur et mon âme dans toutes les situations et épreuves que je traverse, avec une intensité que je mesure afin de garder une protection pour ma personne : « quand on va bien on peut faire du bien. Avant de prendre soin des autres, il faut savoir prendre soin de soi ... »

J'ai fait de cet adage un principe essentiel afin de me sentir au mieux et de faire que mon entourage se sente bien également.

Nous vivons dans un monde en perpétuel bouleversement dans tous les domaines (climatiques, énergétiques, économiques...) la prise de conscience personnelle ou collective est devenue la base d'une vie plus saine et moins stressante ... c'est un travail de chaque moment présent, le ici-et-maintenant nous permet de vivre sans s'attarder sur le passé et sans s'inquiéter pour le futur.

Je me surprends parfois à me souvenir de mes fonctionnements précédents et au chemin parcouru durant ces dix dernières années… Je fais un travail sur moi à chaque action et pour chaque pensée qui n'est pas positive, je me recale sans cesse et de manière rapide très naturelle.

J'essaie de ne pas être trop envahissante avec mes proches et suffisamment présente pour leur apporter mon soutien et mon amour. Cette bienveillance et cette protection que j'ai développées m'apportent une vie saine et équilibrée. Lorsque je souhaite mener à bien mes projets, je prends le temps de la réflexion et j'analyse la situation... Les livres de sagesse font partie de mon univers.

Je ressens des changements dans ma vie et je me prépare à les accueillir en toute sécurité ; si je pressens un élément bloqué je fais appel à mon intuition et à ma sagesse. La colère a disparu de ma vie, même si parfois des situations arrivent et cherchent à faire monter cette colère, tout redescend vite et mon calme l'emporte.

J'ai appris à vivre avec la patience de ne pas avoir tout de suite ce que je souhaiterais, en intégrant bien que pour que les choses arrivent il est nécessaire que les énergies soient en phase et que les personnes que je suis censée rencontrer soient prêtes aussi …

Après mon divorce, j'ai vécu une relation sentimentale pénible et je prends conscience aujourd'hui que la personne concernée n'était pas prête et pas dans les mêmes attentes que moi… Depuis quatre ans, personne n'est venu réveiller ma flamme amoureuse et je laisse le temps faire son œuvre.

Je vis seule avec un amour inconditionnel pour les personnes qui font partie de ma vie et je fais de mes énergies un atout pour rencontrer la personne qui sera prête à faire encore un peu de chemin à mes côtés, avec le désir profond d'un amour mutuel et d'un respect commun.

« Aimer ce n'est pas se regarder l'un l'autre,
c'est regarder ensemble dans la
même direction »

Antoine de Saint Exupéry

CONCLUSION

Me voici arrivée au mois de septembre 2019 et depuis 10 mois j'ai pris le temps nécessaire à l'écriture de ce premier livre qui déjà amène dans mon esprit une suite de mon vécu et des expériences que j'ai souhaité partager avec vous ami(e)s lecteurs et lectrices.

J'ai trouvé en l'écriture un moyen de comprendre ce que j'ai vécu et une utilité dans le partage… Étant moi-même une lectrice de livres témoignages, j'ai d'autant plus apprécié de passer de l'autre côté et de prendre la plume pour raconter mon histoire.

Depuis huit mois, ma petite famille s'est agrandie avec l'arrivée d'un petit garçon prénommé Camille … le bébé de ma fille Charlène et de son mari Jérémy. Élevée au grade de mamie je vois ce nouveau bonheur me faire rayonner ; d'autant plus que mon fils a également trouvé l'amour et s'est installé avec sa compagne …

Le bonheur et l'harmonie familiale sont essentiels à mon bien-être et à mon équilibre de vie, pour ce qui est de l'amour je sais qu'il reviendra un jour sonner à ma porte. D'ici-là, je poursuis mon chemin et mes projets avec un enthousiasme qui me rend heureuse et épanouie.

La pratique du yoga, alliant la relaxation et la méditation, me permet de vivre en pleine conscience et de m'éveiller chaque jour à tout ce qui m'entoure avec une gratitude particulière pour tout ce que l'Univers m'a donné.

Je suis entourée de personnes que j'aime profondément et avec qui je partage aussi mon vécu et mes énergies quotidiennes. Ma famille et mes ami(e)s sont mon moteur...

Remerciements

Je tiens à remercier de tout cœur ma maman Françoise, c'est grâce à elle et à mon papa Daniel que je suis ici ; je remercie mes enfants Kévin et Charlène et leur papa, Jérémy et Cindy conjoint et conjointe de mes enfants, Camille, mon petit-fils chéri...

J'exprime une gratitude particulière à mon amie Sonia sans qui je n'aurais pas pu vivre toutes ces expériences ...

Une reconnaissance de l'âme à « ma tendresse » avec qui j'aurais eu le bonheur de partager une autre vie ...

Un grand merci à mes amies de cœur, qui sont à mes côtés depuis de nombreuses années et avec qui je partage encore aujourd'hui des liens forts et sincères, ces personnes se reconnaîtront sans que je les cite ...

Un merci particulier aux bénévoles de l'association qui m'ont accompagnée dans mon travail de deuil.

Je remercie sincèrement les personnes qui ont croisé mon chemin, qu'elles soient encore à mes côtés ou qu'elles poursuivent le leur, chacune a contribué à faire de moi la personne que je suis aujourd'hui ; les épreuves douloureuses ont renforcé l'ouverture de mon cœur pour ce qui arrive et m'ont permis de développer un don unique en moi « l'Amour », celui qui se partage avec toutes les couleurs d'un arc en ciel.

Je suis très reconnaissante à l'Univers de son soutien et ma plus grande gratitude à mes guides.

Je travaille depuis des mois sur la réalisation d'un projet qui me tient à cœur et j'arrive à mon but.

Ce livre m'a aidée à traverser une étape importante de ma vie et j'ai encore beaucoup à partager avec vous. La présence de la tortue sur la couverture de mon livre vous donne déjà un avant-goût de mes écrits à venir ; c'est au-travers de mes nombreux rêves que se sont dessinés les éléments qui m'ont fait rencontrer d'autres jalons de ce don sacré...

Je vous remercie de faire partie de ce Tout qui nous met en lien maintenant. Je vous dis à bientôt pour de nouvelles découvertes ...

C'est avec toute ma bienveillance que je vous souhaite Paix et Amour.

Namasté

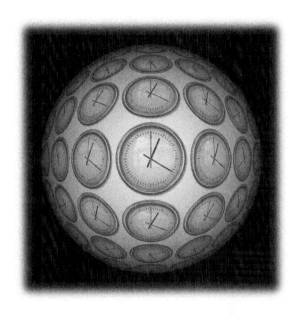

« Le temps est notre chemin
et l'Univers est notre route »

Ardit Beqiri

Sommaire

Nos Créations Libres Livres

*via les éditions **B**ooks **o**n **D**emand*

- La Vigne en France et son Terroir - F. Reignoux, 2019

- De l'émOtion en réflexOlogie - I. Beaujean, 2019

- De réflexologies en REFLEXOLOGIE - I. Beaujean, 2019

- Quand la tête fait maigrir - P. Delattre, 2019

- Neige interdite (nouvelle édition) - I. Beaujean, 2019

- Les Saisons de l'Absence - I. Beaujean, 2019

Créations Libres Livres
Un accès au monde de l'auto-édition accompagnée !

Laurence Dubranle, associée à l'édition

Isabelle Beaujean, associée à la création

Pour contacter nos auteur(e)s ou nous soumettre un projet
creationslibreslivres@orange.fr

Merci aux équipes de **B**ooks **o**n **D**emand

© 2019, Fabienne Couturier Blin

LIBRES LIVRES

Un accès au monde de l'auto-édition
accompagnée !

Édition : BoD - Books on Demand
12/14 rond-point des Champs-Élysées,
75008 Paris

Impression : BoD - Books on Demand,
Norderstedt, Allemagne

ISBN : 978-2-3221-5139-4
Dépôt légal : décembre 2019